창세기 1장 태초에 하나님이 천지를 창조하시니라 땅이 혼돈하고 공허하며 흑암이 깊음 위에 있고 하나님의 영은 수면 위에 운행하시니라 하나님이 이르시되 빛이 있으라 하시니 빛이 있었고 빛이 하나님이 보시기에 좋았더라 하나님이 빛과 어둠을 나누사 하나님이 빛을 낮이라 부르시고 어둠을 밤이라 부르시니라 저녁이 되고 아침이 되니 이는 첫째 날이니라 하나님이 이르시되 물 가운데에 궁창이 있어 물과 물로 나뉘라 하시고 하나님이 궁창을 만드사 궁창 아래의 물과 궁창 위의 물로 나뉘게 하시니 그대로 되니라 하나님이 궁창을 하늘이라 부르시니라 저녁이 되고 아침이 되니 이는 둘째 날이니라 하나님이 이르시되 천하의 물이 한 곳으로 모이고 뭍이 드러나라 하시니 그대로 되니라 하나님이 뭍을 땅이라 부르시고 모인 물을 바다라 부르시니 하나님이 보시기에 좋았더라 하나님이 이르시되 땅은 풀과 씨 맺는 채소와 각기 종류대로 씨 가진 열매 맺는 나무를 내라 하시니 그대로 되어 땅이 풀과 각기 종류대로 씨 맺는 채소와 각기 종류대로 씨 가진 열매 맺는 나무를 내니 하나님이 보시기에 좋았더라 저녁이 되고 아침이 되니 이는 셋째 날이니라 하나님이 이르시되 하늘의 궁창에 광명체들이 있어 낮과 밤을 나뉘게 하고 그것들로 징조와 계절과 날과 해를 이루게 하라 또 광명체들이 하늘의 궁창에 있어 땅을 비추라 하시니 그대로 되니라 하나님이 두 큰 광명체를 만드사 큰 광명체로 낮을 주관하게 하시고 작은 광명체로 밤을 주관하게 하시며 또 별들을 만드시고 하나님이 그것들을 하늘의 궁창에 두어 땅을 비추게 하시며 낮과 밤을 주관하게 하시고 빛과 어둠을 나뉘게 하시니 하나님이 보시기에 좋았더라 저녁이 되고 아침이 되니 이는 넷째 날이니라 하나님이 이르시되 물들은 생물을 번성하게 하라 땅 위 하늘의 궁창에는 새가 날으라 하시고 하나님이 큰 바다 짐승들과 물에서 번성하여 움직이는 모든 생물을 그 종류대로, 날개 있는 모든 새를 그 종류대로 창조하시니 하나님이 보시기에 좋았더라 하나님이 그들에게 복을 주시며 이르시되 생육하고 번성하여 여러 바닷물에 충만하라 새들도 땅에 번성하라 하시니라 저녁이 되고 아침이 되니 이는 다섯째 날이니라 하나님이 이르시되 땅은 생물을 그 종류대로 내되 가축과 기는 것과 땅의 짐승을 종류대로 내라 하시니 그대로 되니라 하나님이 땅의 짐승을 그 종류대로, 가축을 그 종류대로, 땅에 기는 모든 것을 그 종류대로 만드시니 하나님이 보시기에 좋았더라 하나님이 이르시되 우리의 형상을 따라 우리의 모양대로 우리가 사람을 만들고 그들로 바다의 물고기와 하늘의 새와 가축과 온 땅과 땅에 기는 모든 것을 다스리게 하자 하시고 하나님이 자기 형상 곧 하나님의 형상대로 사람을 창조하시되 남자와 여자를 창조하시고 하나님이 그들에게 복을 주시며 하나님이 그들에게 이르시되 생육하고 번성하여 땅에 충만하라, 땅을 정복하라, 바다의 물고기와 하늘의 새와 땅에 움직이는 모든 생물을 다스리라 하시니라 하나님이 이르시되 내가 온 지면의 씨 맺는 모든 채소와 씨 가진 열매 맺는 모든 나무를 너희에게 주노니 너희의 먹을 거리가 되리라 또 땅의 모든 짐승과 하늘의 모든 새와 생명이 있어 땅에 기는 모든 것에게는 내가 모든 푸른 풀을 먹을 거리로 주노라 하시니 그대로 되니라 하나님이 지으신 그 모든 것을 보시니 보시기에 심히 좋았더라 저녁이 되고 아침이 되니 이는 여섯째 날이니라 창세기 2장 천지와 만물이 다 이루어지니라 하나님이 그가 하시던 일을 일곱째 날에 마치니 그가 하시던 모든 일을 그치고 일곱째 날에 안식하시니라 하나님이 그 일곱째 날을 복되게 하사 거룩하게 하셨으니 이는 하나님이 그 창조하시며 만드시던 모든 일을 마치시고 그 날에 안식하셨음이니라 이것이 천지가 창조될 때에 하늘과 땅의 내력이니 여호와 하나님이 땅과 하늘을 만드시던 날에 여호와 하나님이 땅에 비를 내리지 아니하셨고 땅을 갈 사람도 없었으므로 들에는 초목이 아직 없었고 밭에는 채소가 나지 아니하였으며 안개만 땅에서 올라와 온 지면을 적셨더라

여호와 하나님이 땅의 흙으로 사람을 지으시고 생기를 그 코에 불어넣으시니 사람이 생령이 되니라 여호와 하나
님이 동방의 에덴에 동산을 창설하시고 그 지으신 사람을 거기 두시니라 여호와 하나님이 그 땅
에서 보기에 아름답고 먹기에 좋은 나무가 나게 하시니 동산 가운데에는 생명
나무와 선악을 알게 하는 나무 도 있더라 강이 에덴에서 흘러 나와 동산을 적시고 거기서부
터 갈라져 네 근원이 되었으니 첫째의 이름은 비손이라 금이 있는 하윌라 온 땅을 둘렀으며 그 땅의 금은 순금이
요 그 곳에는 베델리엄과 호마노도 있으며 둘째 강의 이름은 기혼이라 구스 온 땅을 둘렀고 셋째 강의 이름은 힛
데겔이라 앗수르 동쪽으로 흘렀으며 넷째 강은 유브라데더라 여호와 하나님이 그 사람을 이끌어 에덴 동산에 두
어 그것을 경작하며 지키게 하시고 여호와 하나님이 그 사람에게 명하여 이르시되 동산
각종 나무의 열매는 네가 임의로 먹 되 선악을 알게 하는 나무의 열매는 먹지 말라
네가 먹는 날에는 반드시 죽으리라 하시니라 여호와 하나님이 이르시되 사람이 혼자 사는
것이 좋지 아니하니 내가 그를 위하여 돕는 배필을 지으리라 하시니라 여호와 하나님이 흙으로 각종 들짐승과
공중의 각종 새를 지으시고 아담이 무엇이라고 부르나 보시려고 그것들을 그에게로 이끌어 가시니 아담이 각 생
물을 부르는 것이 곧 그 이름이 되었더라 아담이 모든 가축과 공중의 새와 들의 모든 짐승에게 이름을 주
니라 아담이 돕는 배필이 없으므로 여호와 하나님이 아담을 깊이 잠들게 하시니 잠들매 그가 그 갈빗대
하나를 취하고 살로 대신 채우시고 여호와 하나님이 아담에게서 취하신 그 갈빗 대로 여자를 만드시고 그
를 아담에게로 이끌어 오시니 아담이 이르되 이는 내 뼈 중의 뼈요 살 중의 살이라 이것을 남자
에게서 취하였은즉 여자라 부르리라 하니라 이러므로 남자가 부모를 떠나 그의 아내와 합하여 둘이
한 몸을 이룰지로다 아담과 그의 아내 두 사람이 벌거벗었으나 부끄러워하지 아니하니라 창세기 3장 그런데 뱀
은 여호와 하나님이 지으신 들짐승 중에 가장 간교하니라 뱀이 여자에게 물어 이르되 하나님이 참으로
너희에게 동산 모든 나무의 열매를 먹지 말라 하시더냐 여자가 뱀에게 말하되 동산 나무의 열매를
우리가 먹을 수 있으나 동산 중 앙에 있는 나무의 열매는 하나님의 말씀에 너희는 먹지도 말고 만지지도
말라 너희가 죽을까 하노라 하셨느니라 뱀이 여자에게 이르되 너희가 결코 죽지 아니하리라 너희
가 그것을 먹는 날에는 너희 눈이 밝아져 하나님과 같이 되어 선악을 알 줄 하나님이 아심
이니라 여자가 그 나무를 본즉 먹음직도 하고 보암직도 하고 지혜롭게 할 만큼 탐스럽기도 한 나무인지라 여자
가 그 열매를 따먹고 자기와 함께 있는 남편에게도 주매 그도 먹은지라 이에 그들의 눈이 밝아져 자기들이
벗은 줄을 알고 무화과나무 잎을 엮어 치마로 삼 았더라 그들이 그 날 바람이 불 때 동산에 거니시는 여
호와 하나님의 소리를 듣고 아담과 그의 아내가 여호와 하나님의 낯을 피하여 동산 나무 사이에 숨은
지라 여호와 하나님이 아담을 부르시며 그에게 이르시되 네가 어디 있느냐 이르되 내가 동산에서 하
나님의 소리를 듣고 내가 벗었으므로 두려워하여 숨었나이다 이르시되 누가 너의 벗었음을 네게 알렸느
냐 내가 네게 먹지 말라 명한 그 나무 열매를 네가 먹었느냐 아담이 이르되 하나님이 주셔서 나와 함께 있
게 하신 여자 그가 그 나무 열매를 내게 주므로 내가 먹었나이다 여호와 하나님이 여자에게 이르시되 네
가 어찌하여 이렇게 하였느냐 여자가 이르되 뱀이 나를 꾀므로 내가 먹었나이다 여호와 하 나님이 뱀에
게 이르시되 네가 이렇게 하였으니 네가 모든 가축과 들의 모든 짐승보다 더욱 저주를 받아 배로 다니고
살아 있는 동안 흙을 먹을지니라 내가 너로 여자와 원수가 되게 하고 네 후손도 여자의 후
손과 원수가 되게 하리니 여자의 후손은 네 머리를 상하게 할 것이요 너는 그의 발꿈치를
상하게 할 것이니라 하시고 또 여자에게 이르시되 내가 네게 임신하는 고통을 크게 더하리니 네가 수고하고

만화로 읽는
진리의 말씀

슈퍼바이블

구약
1

태초에 하나님이

구약 1

글·그림 씨투엔이   감수 한창수 목사

규장

머리말

하나님이 우리에게 주신 최고의 선물인 성경은 수천 년 동안 우리에게 책으로 다가왔고, 우리는 그것을 읽고 이해하려고 노력했습니다. 뜻있는 기독교 출판사에서 현대인의 언어로 성경을 번역하면서부터 어른들은 성경을 조금씩 쉽게 이해하게 되었죠. 하지만 교회학교 현장에서 아이들이 이해하기 쉬운 내용 위주로만 가르치게 되는 현실이 매우 안타까웠습니다.

성경의 난해한 내용이나 말로써 설명하기 어려운 부분은 성인들도 이해에 어려움을 겪는 것이 사실입니다. 그래서 아직도 수많은 어린이들이 성경은 어려운 책이라고 생각을 합니다. 또한 멀티미디어 환경에서 자라온 영상 세대인 아이들이 글로만 된 성경을 읽기가 쉽지 않습니다. 이런 의미에서 최고의 작가들이 심혈을 기울여 작업한 만화 성경 《슈퍼바이블》 시리즈는 어린이들이 성경 전체를 이해하는 데 큰 역할을 할 것입니다. 한국과 세계의 많은 어린이 독자들로부터 《슈퍼바이블》이 사랑 받기를 진심으로 바랍니다.

씨투엔이 대표 양희욱

오직 하나님의 말씀만이 사랑하는 자녀들에게 영원한 생명과 참된 기쁨, 깊은 지혜와 삶의 통찰을 갖게 합니다. 그래서 규장에서는 오랜 기도와 준비 끝에 아이들이 즐겁게 읽을 수 있는 만화 성경 《슈퍼바이블》 시리즈를 출간하게 되었습니다.

기존 만화 성경이 몇 명의 주요 인물과 잘 알려진 에피소드 중심으로 구성되어 성경의 많은 부분이 생략되어 있습니다. 《슈퍼바이블》 시리즈는 성경 66권을 빠짐없이 다루는 한편, 성경의 내용을 시간순으로 재구성하여 이해의 폭을 넓혔습니다. 또한 중요 장면은 성경 구절을 그대로 인용하여 성경의 권위를 훼손하지 않으면서 아이들이 말씀에 친숙해지도록 배려했습니다. 그리고 각 장 마지막의 '슈바 미션'을 통해 성경이 주는 메시지를 아이들의 눈높이에 맞춰 적용할 수 있도록 했습니다.

성령님의 인도하심대로 하나님의 마음을 담아 정성껏 만들겠습니다. 독자분들도 이 시리즈가 잘 완간될 수 있도록 격려와 기도를 부탁드립니다. 성령의 도우심과 끊임없는 기도로 만들어 가는 《슈퍼바이블》 시리즈는 새로운 시대를 이끌어 갈 자녀들에게 소중한 선물이 될 것입니다.

> "여호와의 율법은 완전하여 영혼을 소성시키며 여호와의 증거는 확실하여 우둔한 자를 지혜롭게 하며
> 여호와의 교훈은 정직하여 마음을 기쁘게 하고 여호와의 계명은 순결하여 눈을 밝게 하시도다."
> 시편 19편 7, 8절

규장 대표 여진구

어린아이들은 재미를 느끼면 백 번을 보아도 싫증을 느끼지 않으며,
그렇게 반복해 보면서 자신의 것으로 만들어 냅니다.
이런 어린이들을 위해 재미있고, 보고 또 볼 만한
기독교 매체가 많지 않다는 사실이 늘 안타까웠습니다.
그런 즈음에 어린이들이 성경 읽는 재미에 빠져들 수 있도록
《슈퍼바이블》이 출간되어 기쁘게 생각합니다.

마틴 로이드 존스 목사님이 오늘날 교회를 향해 말했습니다.
"재미있고 누구나 이해할 수 있는 성경을 어렵게 만들어 버리는 건 죄악이다."
성경을 최초로 받아 읽은 사람들의 지적 수준과 삶, 신앙의 경력을 고려한다면
성경이 그리 어렵게 기록된 책이 아님을 알 수 있습니다.

성경의 진리는 결코 변하지 않습니다.
그러나 그 진리를 담는 그릇은 시대에 맞게 바뀌어 왔습니다.
《슈퍼바이블》은 오늘날 성경의 언어로 이해하기 어려운 내용들을
어린이들의 눈높이에 맞춰 전달함으로써 성경을 더 가까이 하고
재미있게 읽을 수 있도록 구성하였습니다.
또한 자녀들에게 성경을 좀 더 쉽게 가르치고 설명할 수 있도록
부모님의 필요도 깊이 고려하여 제작되었습니다.

곳곳에 등장하는 사전 자료들은 자녀들의 궁금증을 시원하게 풀어 줄 수 있으며,
성경 본문 자체로 이해가 어렵게 여겨졌던 부분들에 대한 해석도 잘되어 있어
부모와 함께 읽으면서 가정예배와 성경 통독 교재로도 사용할 수 있습니다.
어린이들의 지성과 영성에 담을 수 있는, 쉽고 재미있고 경건한 메시지를
《슈퍼바이블》을 통해 경험하시기 바랍니다.

"또 어려서부터 성경을 알았나니 성경은 능히 너로 하여금
그리스도 예수 안에 있는 믿음으로 말미암아 구원에 이르는 지혜가 있게 하느니라."
디모데후서 3장 15절

책임감수 **한창수 목사**

슈퍼바이블 이런 점이 좋아요!

1 성경적이다! 핵심 구절 그대로 읽기

핵심 성경 구절은 성경에 있는 그대로 읽어요. 암송까지 가능하다면 100%!

2 연대기적이다! 성경 표지판

성경 전체의 흐름을 더 쉽게 파악하기 위해 시간 순서에 따라 이야기를 배열했어요. 그리고 각 장을 읽을 때마다 성경 어느 부분을 읽는지 알 수 있어요. 이렇게 하면 마치 성경 통독을 하는 듯한 효과를 볼 수 있답니다.

3 자세하다! 꼼꼼하게 보기

성경에 나오는 내용을 꼼꼼히 그림과 대사로 옮겼어요. 인물의 동작이나 대사뿐 아니라 장면의 배경과 그 의미도 담아냈답니다.

4 쉽다! 쏙쏙 각주

어려운 단어가 있다면 쉽게 풀어 있는 각주를 보아요. 머릿속에 쏙쏙 들어오는 각주를 통해 성경 지식도 쏙쏙!

5 재밌다! 슈바 미션

만화로 본 내용을 미션을 통해 게임하듯 신나게 적용해 보아요!

차례

1장 보시기에 심히 좋았더라 11
슈바 미션 1 하나님께 감사하라!

2장 아담아, 네가 어디 있느냐? 31
슈바 미션 2 잘못을 솔직히 고백하라!

3장 내가 아우를 지키는 자니이까 55
슈바 미션 3 정성을 다해 예배드려라!

4장 노아는 은혜를 입었더라 83
슈바 미션 4 말씀에 온전히 순종하라!

5장 물이 땅에 넘쳤더라 105
슈바 미션 5 하나님의 은혜를 구하라!

6장 나와 세상 사이의 약속의 증거니라 139
슈바 미션 6 하나님의 약속을 믿으라!

7장 이 탑을 하늘에 닿게 하자 167
슈바 미션 7 하나님의 이름을 높여라!

아담 ── 부부 ── 하와

하나님의 형상을 따라 흙으로 빚어 만든 최초의 인간. 아내의 말을 듣고 하나님과의 약속을 어기고 만다.

아담의 갈비뼈를 취해 만들어진 최초의 여자. 뱀의 꾐에 빠져 선악과를 먹고 아담에게도 건넨다.

적대세력

뱀

사탄. 에덴동산에서 하와를 유혹해 죄를 짓게 만든다.

아들

가인 ── 형제 ── 아벨 ── 형제 ── 셋

아담과 하와의 첫째 아들이며 농부. 질투 때문에 동생을 죽임으로써 인류 최초의 살인자가 된다.

아담과 하와의 둘째 아들이며 양치기. 하나님이 그의 제사를 기쁘게 받으신 일로 형의 미움을 받아 죽게 된다.

억울하게 죽은 아벨을 대신하여 하나님이 주신 아담의 셋째 아들로 믿음의 계보를 이어가는 인물.

등장인물 관계도

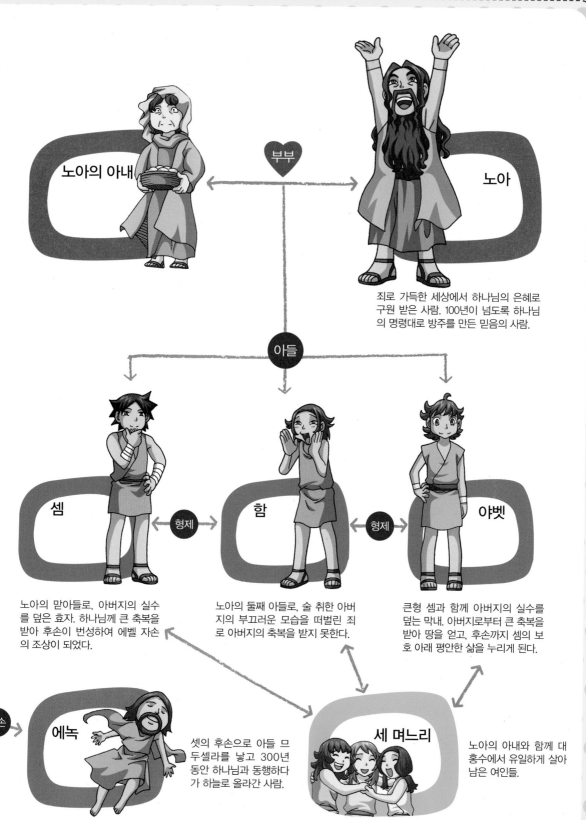

노아의 아내

부부

노아

죄로 가득한 세상에서 하나님의 은혜로 구원 받은 사람. 100년이 넘도록 하나님의 명령대로 방주를 만든 믿음의 사람.

아들

셈

형제

함

형제

야벳

노아의 맏아들로, 아버지의 실수를 덮은 효자. 하나님께 큰 축복을 받아 후손이 번성하여 에벨 자손의 조상이 되었다.

노아의 둘째 아들로, 술 취한 아버지의 부끄러운 모습을 떠벌린 죄로 아버지의 축복을 받지 못한다.

큰형 셈과 함께 아버지의 실수를 덮는 막내. 아버지로부터 큰 축복을 받아 땅을 얻고, 후손까지 셈의 보호 아래 평안한 삶을 누리게 된다.

후손

에녹

셋의 후손으로 아들 므두셀라를 낳고 300년 동안 하나님과 동행하다가 하늘로 올라간 사람.

세 며느리

노아의 아내와 함께 대홍수에서 유일하게 살아남은 여인들.

태초에 하나님이 천지를 창조하시니라

창세기 1장 1절

1장
보시기에
심히 좋았더라

창세기 1:1-2:25

태초에 하나님께서 천지를 만드셨어요.
텅 빈 땅은 온통 어둠뿐이었고,
살아서 움직이는 것은 아무것도 없었어요.
하나님의 영(靈)만이 물 위에서 움직이고 계셨지요.

빛이
있으라!

창1:3

보기 좋구나.
빛아,
내가 너를
낮이라 부르리라.

어둠아,
내가 너에게는
밤이라는
이름을 주겠노라.

저녁이 되고 아침이 되니,
이는 **첫째 날**이었지요.

물 가운데 궁창이 있어
궁창 위 물과 아래 물로 나뉘어라.

궁창을 이제부터
하늘이라 부르리라.

쿠
아
아
아
아

저녁이 되고 아침이 되니,
이는 **둘째 날**이었어요.

물들은 생물을 번성하게 하라.
물에서 살아가는 생물들아,
그 종류대로 가득하여라.

하늘에서는 새가 날으라.
새들아, 그 종류대로
하늘을 가득 채워라.

지금부터는
네가 주인이니
동산의 모든 나무를 가꾸고
이 땅을 경작하도록 해라.

하나님께서 동쪽에 있는 '에덴'이라는 곳에
살기 좋은 동산을 만드시고,
아담을 그곳으로 데려가셨어요.

와우!
정말 아름다운
동산이에요.

띠옹

보기에 아름답고 먹기 좋은
나무들의 열매를 마음껏 먹어라.
단, 선악을 알게 하는
나무의 열매는 먹지 말라.
먹는 날에는 반드시 죽으리라.

강은 에덴에서 흘러나와 동산을 적시고, 네 갈래로 갈라졌어요. 그 강이 흐르는 곳마다 생명의 열매가 맺혔지요.

비손

기혼

유브라데

힛데겔

너는 목이 기니까 '기린'이야.

너는 코가 굉장하구나! '코끼리'라고 부를게.

까~ 아~

얼룩이 있으니 '얼룩말'!

으악!

땅을 파니까 '두더쥐'!

훨훨 나는 '나비'!

너는 원숭이 너는 토끼….

정말~ 많잖아!

모두들
짝이 있는데
나만 혼자네.

휴~

퍽

나도 짝이
있었으면 좋겠어!

사람이 혼자 사는 것이
좋지 아니하니
내가 그를 위하여
돕는 배필을 지으리라.
창 2 : 18

음냐

짝꿍아~
어디 있니~.

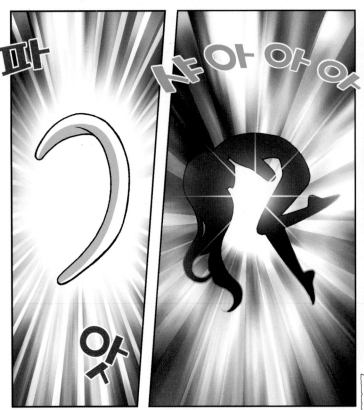

파

야

샤아아아

후

하나님께서는 아담을 깊이 재우시고
갈빗대 하나를 취해 여자를 만드셨어요.

22

하나님,
사랑해요~.

저도요~.

우리
하나님께
감사 기도
드려요.

좋아요.

내가 너희에게 복을 주노라.
너희는 자녀를 낳아 길러
이 땅이 생명으로 가득 차게 하라.
땅을 일구어서 온갖 것들로
풍성하게 하라.
모든 것을 너희에게 줄 것이니
바다의 물고기와 하늘의 새와
땅에 움직이는
모든 생물을 다스리라.

저녁이 되고 아침이 되니,
이는 **여섯째 날**이었어요.
하나님께서는 지으신 모든 것을
보시고 심히 좋아하셨지요.

이 동산의 모든 것을 먹어도 저 선악과는 절대 먹어서는 안 돼요. 하나님께서 먹으면 반드시 죽는다고 하셨으니 꼭 기억해요.

과연?

낼름

알겠어요. 하나님의 명령이니 꼭 지킬게요.

참으로 아름다운 곳이에요.

아~ 행복해!

우리 함께 하나님을 찬양해요!

하나님은 하시던 모든 일을 **일곱째 날**에 마치고 쉬셨어요. 그리고 일곱째 날에 복을 주셔서 거룩하게 하셨어요.

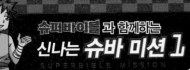

하나님께 감사하라!

미션 1 말씀을 큰 소리로 두 번 읽어라! ☑ ☑

> 태초에 하나님이 천지를 창조하시니라
>
> 창세기 1장 1절

미션 2 퀴즈의 정답을 찾아라! ( )

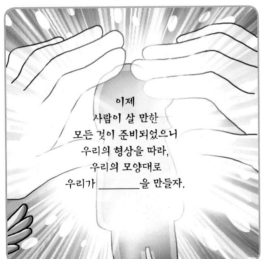

이제
사람이 살 만한
모든 것이 준비되었으니
우리의 형상을 따라,
우리의 모양대로
우리가 _____을 만들자.

하나님께서는 흙으로 빚은
최초의 인간인 아담의 코에
생명의 숨을 불어 넣으셨어요.

아~
상쾌해~.

힌트: 19페이지를 볼 것

① 케이크   ② 도자기   ③ 사람   ④ 인형

하나님이 만드신 세상은 흠이 없이 완벽했고 참 아름다웠어.
그리고 창조하신 모든 것을 보신 하나님께서도 기뻐하셨지.
이 모든 것을 우리를 위해 말씀으로 지으신
하나님의 사랑이 놀랍지 않니?
특별히 하나님의 모습대로 우리를 만들어 주신 것이 말이야.

미션 3 대사를 완성시켜라!

> 이제부터 당신을 '여자'라고 부르겠어요.

> 당신은 내 뼈 중의 ____요, 살 중의 ____이에요.

> 잘 어울린다~!

> 처음 만난 두 사람은 벌거벗고 있었지만 전혀 창피한 줄을 몰랐어요.

힌트: 23페이지를 볼 것

> 이름을 지으면서 다들 짝이 있는데 나만 없어서 외로웠어….

> 제가 있으니 이제는 외롭지 않죠? 호호.

> 하나님이 만드신 모든 것이 다 아름답지만 그중에서도 당신이 가장 아름다워요!

> 고마워요~. 우리 함께 하나님의 명령을 따라 이 세상을 다스려 나가요!

미션 4 당신의 최종 선택은?

이 세상 만물과 나를 있게 해 주신 하나님께 감사하나요? ▶ YES ☐

▼
▼
▼

정답 미션 2: ③사람, 미션 3: 뼈, 살   **미션 성공!!** 다음 단계로 ▶▶

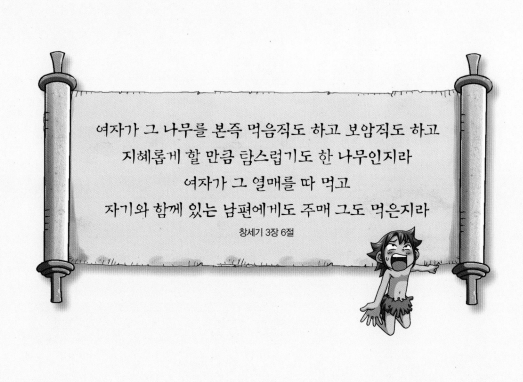

여자가 그 나무를 본즉 먹음직도 하고 보암직도 하고
지혜롭게 할 만큼 탐스럽기도 한 나무인지라
여자가 그 열매를 따 먹고
자기와 함께 있는 남편에게도 주매 그도 먹은지라

창세기 3장 6절

2장
아담아,
네가 어디 있느냐?
창세기 3:1-24

31

여자!
좋은 아침이지?

아, 뱀이구나?
안녕!

뱀은 하나님이 지으신
들짐승 중에 가장 간사했어요.

점심 준비하려고?

휙 릭

깜짝이야!

응.
요새 아담이
통 입맛이
없다고 해서
걱정이야.

저런~
어쩌나~.

딱!

어디
맛있는 게
없을까?

듣자 하니, 하나님이 동산 모든 나무의 열매를 먹지 말라고 했다는 게 사실이야?

아니, 다 먹을 수 있지만 동산 중앙에 있는 나무의 열매는 먹지도 말고, 만지지도 말라고 하셨어.

저 열매 좀 봐! 보기만 해도 군침 돌지 않아?

그래! 바로 저 나무야. 하나님이 먹지 말라고 하신….

왜~?

혹시 우리가 죽을까 봐 걱정된다고 하셨어.

그 말을 진짜 믿어?

걱정 붙들어 매셔~. 너희는 결코 죽지 않아!

정말?

당연하지~!

33

생각해 봐, 하나님이 설마 먹고 죽을 열매를 만들었겠어?

다 너희들 잘 먹고 잘살게 하려고 만든 거잖아.

그렇다니까!

그런가?

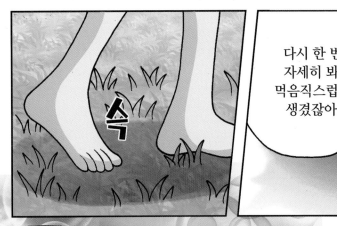

속

다시 한 번 자세히 봐. 먹음직스럽게 생겼잖아.

그러게! 먹음직스럽게 보여.

하나님은 너희가 이 열매를 먹고 눈이 밝아져서 하나님같이 되어 선악을 알까 봐 그러시는 거야.

그럼 딱 한 입만 먹어 볼까?

맛있겠다!

사각

사각

결국 여자는 뱀의 꼬임에 넘어가
하나님과의 약속을 어기고
열매를 따 먹고 말았어요.

드디어
먹었구나!

쿡쿡쿡

여자!
어디 있어?

저기 있구나!

뭘 그렇게
맛있게 먹고 있어?

쌩~

같이 먹자!

아담, 마침 잘 왔어요.

으악!

설마…
그건?

하나님께서
절대 먹지 말라고 하신
그 열매잖아!

맞아요.
그런데 맛이
끝내 줘요!

꿀꺽

음냐….

저…
여기 있어요.

어찌하여
네가 숨었느냐?

그…
그게….

덜덜덜

제가
벌거벗었기에
두려워서
숨었습니다.

누가 네게
벌거벗음을
알려 주었느냐?
내가 먹지 말라고 한
그 나무 열매를 먹었느냐?

그…
그러니까….

제가 먹고 싶어서 먹은 게 아니에요!

하나님이 주셔서 저와 함께 있게 한 여자가 그 나무 열매를 줘서 먹었어요!

어떻게 당신이 나를….

여자여, 너는 어찌하여 그렇게 했느냐?

하나님! 제가 먹고 싶어 먹은 것이 아니에요!

비겁하게 고자질을 하다니!

이럴 수가…!

뱀이 먹어도 죽지 않는다고… 꼬여서 먹게 된 거예요!

내가 너로 여자와
원수가 되게 하고 네 후손도
여자의 후손*과 원수가 되게 하리니
여자의 후손은 네 머리를
상하게 할 것이요,
너는 그의 발꿈치를
상하게 할 것이니라.

창 3 : 15

싫어!

으엉~

하… 하나님,
그럼 저희는….

제… 발….

여자여,
너는 앞으로 아기를 낳을 때
큰 고통을 받게 될 것이다.
또한 남편이
너를 다스리게 될 것이니라.

흑흑

*여자의 후손 예수 그리스도를 뜻함

이제 그만 울어요.

뚝!

아담….

나는 지금부터 당신의 이름을 '하와'라 부르겠어요.

하와?

아담은 여자에게 '모든 생명의 어머니'라는 뜻을 가진 '하와'라는 이름을 지어 주었어요.

으~ 더워~.

어?
잎사귀가
다 말라
버렸어요.

이런!

뭐야?
다 부서지고
있잖아?

꺄~

안 돼요!

네….

할 수 없이
무화과 잎
신세를….

어?
이게 뭐지?

두

둥

하나님께서는 죄를 지은
인간에게 은혜를 베풀어
가죽옷을 지어 입히셨어요.

와!
딱 맞네!

하나님,
감사합니다.

우리의
부끄러움을
가리기 위해
생명이
죽었구나….

와우!
최신
스타~일~.

하나님은 인간을 동산 밖으로 내보내신 후
천사들과 불 칼을 두어 생명나무로 가는 길을
지키게 하셨답니다.

잘못을 솔직히 고백하라!

미션 1 말씀을 큰 소리로 두 번 읽어라! ☑ ☑

여호와 하나님이 아담을 부르시며 그에게 이르시되 네가 어디 있느냐

창세기 3장 9절

미션 2 퀴즈의 정답을 찾아라! ( )

힌트: 38페이지를 볼 것

① 소나무 잎 　② 호박잎 　③ 깻잎 　④ 무화과나무 잎

죄를 지은 아담과 하와는 하나님 앞에 부끄러워서 몸을 숨겼어.
죄는 기쁨으로 가득했던 사람의 마음을 근심으로 가득하게 만들고
하나님과 좋았던 관계를 무너뜨리고 말아.

미션 3 대사를 완성시켜라!

제가 먹고 싶어서 먹은 게 아니에요!

뜨악

하나님이 주셔서
_____가
_____
그 나무 열매를
줘서 먹었어요!

힌트: 41페이지를 볼 것

 하나님이 나를 찾으셨을 때 곧바로 잘못을 고백할걸….

 저도 그때 핑계를 대기보다
용서를 구했더라면 하는 생각을 해요.

 끝까지 남의 탓을 하면서 잘못을
인정하지 않은 것이 후회돼요.

 앞으로 다시는 이런 죄를 짓지 말아요.
혹 죄를 지었을 때라도 곧바로 잘못을
고백하고 용서를 받도록 해요.

미션 4 당신의 최종 선택은?

죄를 지었을 때 핑계를 대지 않고 바로 용서를 구하겠는가 ? ▶ YES ☐

▼
▼
▼

정답 미션 2: ④무화과나무 잎, 미션 3: 저와 함께 있게 한 여자

미션 성공!! 다음 단계로 ▶▶

네가 선을 행하면 어찌 낯을 들지 못하겠느냐

선을 행하지 아니하면 죄가 문에 엎드려 있느니라

죄가 너를 원하나 너는 죄를 다스릴지니라

창세기 4장 7절

시간이 지나고, 가인과 아벨은 하나님께 드릴 제사 예물을 준비했어요.

그래! 가장 첫 번째로 태어난 양의 새끼가 좋겠어.

나 말이야?

이놈도 아니고….

저놈은 더더욱 아니야.

음 메 ~

파 팍

하나님께 바쳐지는 영광을 주마!

피땀 흘려 일군 농작물인데… 제사에 쓰여진다니….

어쩔 수 없지! 그렇다면 이 방법밖에!

내가 먹는 보관용은 신선한 A급으로….

보관용

먹지 못할 제사용은 B급으로!

제사용

가인은 땅의 곡식과 열매로,
아벨은 처음 태어난 아기 양과
양의 기름을 하나님께 제물로 바쳤어요.

후웅

화악

하나님,
제가 드린 제물을
받아 주시니,
감사합니다.

활
활

움찔

내 제물에는
아무 일도
없잖아!

챗! 뭐야.

안 되겠어. 무슨 수를 써야지….

ㅋㅋㅋ

내 제물에 불을 옮겨 붙여야지.

어? 불이 안 붙네. 왜… 왜지?

헉

물기도 없는데?

하나님께서는 아벨과 그의 제물은 받으셨으나 가인과 그의 제물은 받지 않으셨어요.

죄가 너를
지배하려 하지만,
너는 죄를
다스려야
할 것이니라.

이게 다
아벨, 저 녀석
때문이야!

딸랑

딸랑

아벨,
잠깐
나 좀 보자.

아, 형!
들판에는
무슨 일이야?

63

가인은 동생 아벨을 질투하여
돌로 쳐서 죽이고 말았답니다.

가인아,
네 동생 아벨은
어디에 있느냐?

네?

제가 동생을
지키는
사람인가요?

저는
몰라요!

네가 무엇을 하였느냐.
네 아우의 핏소리가
땅에서부터 내게
호소하느니라.

창 4 : 10

스물

스물

으윽!

내가 누군지 알아?

가인의 후손! 므드사엘의 아들인 '라멕'이다.

누가 뭐랬냐고!

어머~ 라멕님!

멋지기도 하셔라~!

아다

씰라

내 부인들인 아다와 씰라여, 내 말을 들어 보아라!

무슨 일이에요?

왜 또?

내게 상처를 입힌 사람과 나를 상하게 한 젊은이를 내가 죽였다!

음하하하

애
응애

여보~
아들이에요,
아들….

오!
내 아들!

가인이 죽인
아벨 대신에
하나님께서
이 아이를
주셨어요!

아담
(130세)

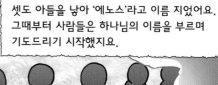

셋도 아들을 낳아 '에노스'라고 이름 지었어요.
그때부터 사람들은 하나님의 이름을 부르며
기도드리기 시작했지요.

고생 많았소, 하와.
이 아이의 이름을
'대신 준다'는 뜻의
'셋'이라 짓겠소!

에녹은 평생 하나님과 동행하다가 죽지 않고 바로 천국에 갔어요.

그럼 이제 최고로 오래 사신 장수왕을 발표하겠습니다!

두근

두근

에녹의 아들인 므두셀라는 자그마치 969년을 살았대요.

장수왕은~ 바로바로 므! 두! 셀! 라!

나?

음 하 하 하

므두셀라는 살아 있는 동안 '라멕'을 낳았어요.

나의 아들아~!

개굴개굴~ 우네!

라멕

키득 키득

가인의 후손, **라멕**

나는 가인의 후손이다!

난 이 무서운 아저씨랑은 달라요. 그냥 이름만 같을 뿐이에요!

나보다 내 아버지 므두셀라를 더 닮았구나!

셋의 후손, **라멕** (182세)

정성을 다해 예배드려라!

미션 1 말씀을 큰 소리로 두 번 읽어라! ☑ ☑

> 아벨은 자기도 양의 첫 새끼와 그 기름으로 드렸더니
> 여호와께서 아벨과 그의 제물은 받으셨으나
>
> 창세기 4장 4절

미션 2 퀴즈의 정답을 찾아라! ( )

힌트: 59페이지를 볼 것

① 양의 첫 새끼   ② 가장 큰 양   ③ 낙타   ④ 코끼리

히브리서 11장 4절 말씀에 보면 믿음으로 아벨은 가인보다
더 나은 제사를 하나님께 드렸다고 되어 있어.
가인과 그의 제물을 받지 않으신 것은 마음과 태도의 문제였음을
알 수 있어. 또 레위기 2장 14절에 보면 곡식으로 드릴 때도
첫 이삭을 드리라고 했는데, 아마도 가인은 예물을
정성스럽게 준비하지 않은 듯해.

미션 3　대사를 완성시켜라!

하나님, 제가 드린 _____을 받아 주시니, 감사합니다.

힌트: 60페이지를 볼 것

 하나님이 눈에 보이지도 않는데, 바쁘면 아무거나 제물로 드릴 수도 있는 거 아냐?

아니야, 형! 하나님은 제물도 중요하지만 예배드리는 사람의 마음을 보고 싶어 하셔!

 그렇구나. 난 그런 건 잘 몰랐어. 겉모습만 잘 포장하면 되는 줄 알았지.

우리에게 있는 모든 것은 하나님이 주셨어. 그러니 감사하는 마음으로 온 마음과 뜻을 다해 예배드리자.

미션 4　당신의 최종 선택은?

온 마음과 정성과 뜻을 다해 예배를 준비하겠는가?　▶ YES □

▼
▼
▼

정답 미션 2: ①양의 첫 새끼, 미션 3: 제물

여호와께서 노아에게 이르시되
너와 네 온 집은 방주로 들어가라
이 세대에서 네가 내 앞에 의로움을
내가 보았음이니라

창세기 7장 1절

4장
노아는
은혜를 입었더라

창세기 6:1-7:5

셈

오~
청혼하는 건가?

당신에게
한눈에 반했어요.
나랑 결혼해 줄래요?

함

야벳

윽!

저 사람들은 하나님을
떠난 자의 딸들이 아닌가요?

하나님이 무슨 상관?
내가 좋으면 그만이지.

예쁘긴 예쁘다~!

형님도 참!
눈에 보이는 게
다가 아니에요.
선악과도
보기에 좋았잖아요.

하나님의 아들들(셋의 후손)은
사람의 딸들(가인의 후손)의
아름다움을 보고 자기가 좋아하는
모든 여자를 아내로 삼았어요.

쟤 뭐지?

다시 생각해요.
하나님을 떠난
경건하지 못한 여자들과
결혼해서는 안 돼요.
하나님이
싫어하시는 일이에요.

당신이 뭔데,
참견이야?
난 예쁘기만
하면 돼!

그러게….

노아는 그가 살던 시대에
진실로 하나님을 섬기는
정의롭고 지혜로운 사람이었어요.

부디 저들을
용서해 주세요.

*번제 짐승을 통째로 태워서 제물로 바치는 제사

뭐?

오늘은 하나님이
먹을 것을 안 주셨나?

이 자식이!

참아!

기운 없어 보이는데
이거라도 주워 먹어 봐~.
맛있게 먹으면
하나 더 던져 줄게.

쿡
쿡

탁

모두가
하나님을
잊어버렸어요!

노아야,
내 말을 잘 들거라.
내 영이 더는 사람들과
함께하지 않을 것이다.
그들이 죄를 지었기
때문이니라.
그들은 120년밖에
살지 못하리라.

그때 땅 위에는 키가 크고 몸집이 커다란 종족인 '네피림'이 있었어요.

방울이라도 달고 다녀! 밟힐라~.

딸랑딸랑 소리 나게!

아… 안녕!

거기~ 꼬마들!

분명 나쁜 짓을 시킬 텐데 어떡하지?

푸하하하

귀여운 녀석들 같으니라고!

그들은 포악하고 난폭했으며 침략과 약탈을 일삼았어요.

오늘 우리랑 같이 갈 때가 있어!

오늘은 하나님께 예배드리러 가는 날이라서….

얘가 지금 싫다는 거냐?

싫다는 건 아니고… 그러니까 나는 하나님을 믿는….

시끄러워! 조그만 게 시키는 대로 할 것이지! 편하게 살기 싫어?

나는 잘 지내고 싶어. 너희들이랑 친하게….

그럼 잔말 말고 따라와.

턱

자… 잠깐…! 엄마한테 말하고….

우앗?

턱

하나님께서는 사람의 죄로 땅이 더럽혀진 모습을 보시고 땅 위에 사람을 지으셨음을 한탄하시고 걱정하셨어요.

시끌

시끌

여러분, 이러시면 안 됩니다.

우리 모두 진실한 마음으로 하나님께 기도드립시다.

기도는 무슨? 기도하면 돈이 나오나?

꺄! 돈이다!

불끈

무슨 소리야? 이 마을에서 가장 힘이 센 나를 믿어야지.

노아야, 사람의 포악함이 땅을 가득 채우므로 내가 그들과 함께 가축과 기는 것과 공중의 새까지 다 없애겠노라.

내가 홍수를 땅에 일으켜 무릇 생명의 기운이 있는 모든 육체를 천하에서 멸절하리니 땅에 있는 것들이 다 죽으리라.

창 6 : 17

135m

13.5m

22.5m

90m

40m

현대 미터법으로
계산했을 때,
방주의 길이는 135미터,
높이는 약 13.5미터,
너비는 22.5미터 정도 되는
크기예요!

방주는 축구장보다
더 길쭉하고
폭은 좁은
5층 건물 상자 같아!

지붕 위에서
0.5미터 아래로
창을 만들고,

배 옆에는
문을 내어라.

배는 3층으로
만들어라.

노아 영감이 진짜로 그 큰 배를 만들고 있는 거야? 그것도 산에서?

글쎄, 그렇다니까. 홍수가 날 거라고 했다잖아요. 말도 안 되는 소리지!

아들들이 더 한심해! 아버지가 정신을 놨으면 젊은 자식들이 말려야지. 아버지 말만 듣고 그 미친 짓을….

그 집 여자들도 다 미쳤어요. 배에 실을 거라면서 음식을 모으고 있다니까요.

아니! 저 배는 모양이 왜 저래? 돛도 없고 닻도 없는 영락없는 상자구만.

내가 만들면 벌써 바다에 나가 돈이나 왕창 벌었을 텐데….

이건 완전 코미디입니다!

깔 깔 깔

노아야,
내가 네 의로움을 보고
언약을 세우리니
네 가족을 이끌고
방주로 들어가라.

정결한 짐승은
암컷과 수컷 일곱 마리씩,
부정한 것은
암컷과 수컷 각각 두 마리씩,
공중의 새도
암컷과 수컷 일곱 마리씩
데리고 들어가거라.

노아는 하나님이 명하신 대로 모두 순종했습니다.

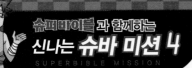

말씀에 온전히 순종하라!

미션 1 말씀을 큰 소리로 두 번 읽어라! ☑ ☑

> 노아가 그와 같이 하여 하나님이 자기에게 명하신 대로 다 준행하였더라
>
> 창세기 6장 22절

미션 2 퀴즈의 정답을 찾아라! ( )

노아야,
내 말을 잘 들거라.
내 영이 더는 사람들과
함께하지 않을 것이다.
그들이 ＿＿＿를 지었기
때문이니라.
그들은 120년밖에
살지 못하리라.

힌트: 92페이지를 볼 것

① 농사　② 죄　③ 아파트　④ 노래

모든 사람들이 다 죄를 짓고 있을 때,
혼자만 그렇게 하지 않기가 참 어렵지.
그러나 하나님을 아는 사람은 죄인의 길에는 서지도 말아야 해.
하나님은 그런 노아에게 의인이라고 칭해 주셨지.

미션 3 대사를 완성시켜라!

노아야, 내가 네 의로움을 보고 언약을 세우리니 네 가족을 이끌고 ＿＿＿＿로 들어가라.

노아는 하나님이 명하신 대로 모두 순종했습니다.

힌트: 101페이지를 볼 것

쯧쯧. 바닷가도 아닌 곳에서 저렇게 큰 배를 만들다니 제정신이요?

하나님께서 명령하신 일이니, 말씀대로 순종할 뿐이오.

1년도 아니고 10년도 아니고 자그마치 100년이 넘도록 단 한 번도 의심하지 않았소?

이제 배 만드는 일은 그만두고 우리랑 같이 놀고 먹고 즐깁시다! 인생 한번인데 즐겁게 살아야 하지 않겠소?

하나님의 말씀에 따라 사는 것이 나에게는 즐거운 일이오. 심판의 날이 얼마 남지 않았으니 당신들도 어서 방주에 탈 준비를 하시오.

미션 4 당신의 최종 선택은?

하기 어려운 일이라도 하나님의 말씀에 순종하겠는가? ▶ YES ☐

▼
▼
▼

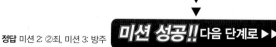

정답 미션 2: ②죄, 미션 3: 방주

노아가 육백 세 되던 해 둘째 달 곧 그 달 열이렛날이라 그날에 큰 깊음의 샘들이 터지며 하늘의 창문들이 열려 사십 주야를 비가 땅에 쏟아졌더라

창세기 7장 11, 12절

5장
물이
땅에 넘쳤더라
창세기 7:6-8:19

105

하나님의 말씀이
생각나는구나!

내가 땅 위에
홍수를 일으켜서
하늘 아래 모든 것을
쓸어버릴 것이다.

아버지,
무슨 걱정이
있으신가요?

지금부터
해야 할 일들이
더 많을 것 같구나!

저희들이
할 일을
가르쳐 주세요.

한 사람이라도 더 구하기 위해
하나님의 말씀을 전해야겠지.
방주에서 먹을
식량도 준비하고.

노아는 다른 누구의 말도 듣지 않고,
오로지 하나님께서 명령하신 그대로 행하였어요.

아버지, 동물들은 어떻게 태우죠?

몸집이 크고 사나운 것들은 어려울 텐데….

정결한 짐승은 암컷과 수컷 일곱 마리씩, 부정한 것은 암컷과 수컷 각각 두 마리씩, 공중의 새도 암컷과 수컷 일곱 마리씩 데리고 들어가거라.

모든 것이 하나님의 계획 안에서 이루어질 테니 걱정하지 말거라.

아버지,
이것만 가져다 놓으면
식량 운반도 끝이에요.

그렇구나….

어서
올라가세요.
이 짐은
제가 옮길게요!

형 것을
좀 나눠 들지 않고….

무서워~!

휴~.

힘들면
업히구랴.

아이참,
왜 이러세요!

걱정 말고
일어나요.

이제 동물들만 오면 되겠다. 방주는 넓으니 불편하진 않을 거야.

동물들과 지내게 된다니 신기하고 이상해요.

그나저나 동물들의 똥은 누가 치우지?

으악! 왜 날 보고 말하는 거예요!

어? 저… 저기!

뭔데!?

앗!

모든 동물들이
이곳을 향해
오고 있어요!

역시 하나님
말씀대로야!

정결한 짐승과 부정한 짐승,
새와 땅 위에 기는 모든 것이
노아에게로 와서 배로 들어갔어요.

큰 동물은 1층!
작은 동물은
2층과 3층으로~!

따라와~

네, 아버지!

음….

수고들
했다.

이제는
사람들에게
알리러 가자!

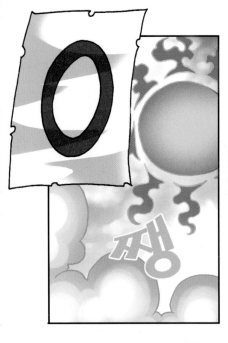

오늘이 바로 그날이에요. 정말 비가 올까요?

노아 영감 말대로라면 오늘 비가 와야 하잖아!

큭큭큭

넌 그걸 믿었냐? 해만 쨍쨍한대?

어?

이건…?

와우~ 비가 오긴 오네!

으헤헤… 겁나 죽겠네!

어? 이 소리는?

엄청난 비야!

땅에서도 물이 솟고 있어!

으아!

노아가 600살이 되던 해,
2월 17일에 시작된 비는
땅속의 샘이 터지고
하늘의 창문이 열리며
끊임없이 쏟아졌어요.

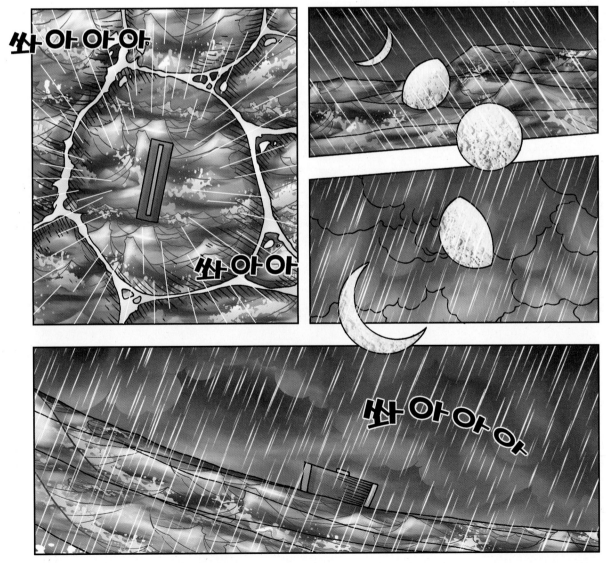

형, 이대로 비가 안 멎으면 어떻게 될까?

동물들이 제 발로 걸어 들어왔으니까 하나님이 또 걸어 나가게 하실 거예요.

그럴 리 없어. 새로운 땅이 준비되어 있을 거야.

그렇지만….

에휴~

아버지, 무슨 말씀이라도 좀 해 보세요.

하나님께서 반드시 인도하실 거다.

아버지! 비가 그친 것 같아요.

그래, 하나님께서 약속하신 40일이 지났구나!

그런데 우리는 언제쯤 밖으로 나갈 수 있을까요?

하나님은 노아와 배에 있는 모든 동물들을 기억하시고
바람을 일으키어 물이 줄어들게 하셨어요.
그리고 7월 17일, 배는 아라랏 산에 걸려 멈췄지요.

멈췄다!

아버지!
드디어
배가
멈췄어요!

만세!
하나님 만세~!

밖으로 내보낸 세 번째 비둘기가 다시 돌아오지 않았어요.
노아가 601세가 되던 해 1월 1일에 노아는 조심스레 방주
뚜껑을 열어 지면에 물이 걷힌 것을 보았습니다.

2월 27일에 하나님이 말씀하셨어요.

너는 네 아내와
네 아들들과 네 며느리들과
함께 방주에서 나오고,

창 8 : 16

너와 함께한 모든
혈육이 있는 생물들을 이끌어 내라.
이것들이 땅에서 새끼를
낳아 기르고, 번성하리라.

쿵

하나님의 명령대로 노아는 그의 아내와
그 아들들, 며느리들과 함께 방주에서 내렸고,
모든 살아 있는 것들도 땅으로 나왔습니다.

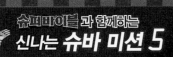
하나님의 은혜를 구하라!

미션 1 **말씀을 큰 소리로 두 번 읽어라!** ☑ ☑

> 이들은 땅에서 쓸어버림을 당하였으되
> 오직 노아와 그와 함께 방주에 있던 자들만 남았더라
> 창세기 7장 23절

미션 2 **퀴즈의 정답을 찾아라! ( )**

하나님 말씀이
생각나는구나!

내가 땅 위에
_____를 일으켜서
하늘 아래 모든 것을
쓸어버릴 것이다.

힌트: 107페이지를 볼 것

① 전쟁   ② 지진   ③ 화산 폭발   ④ 홍수

하나님은 우리가 죄를 회개하고 돌이켜 용서를 구하면
불쌍히 여기시지만, 그렇지 않으면 오래 참으시다가 심판을 하시지.
노아의 때도 하나님께서 120년 동안 참고 기다리셨으나
노아의 가족 외에 그 누구도 방주에 타지 않았어!
그래서 나머지 사람들은 모두 물에 빠져 죽게 되었지.

미션 3 대사를 완성시켜라!

까마귀를 보내 물이 얼마나 줄었는지 알아봐야겠구나.

이번에는 ＿＿＿＿, 네가 보고 오너라.

힌트:131페이지를 볼 것

 동물들이 방주를 향해 온 것은 정말 신기한 일이에요!

하나님께서 못하시는 일이 어디 있겠니~.

 그러게요! 40일 동안 비가 내리는 것도, 물이 줄어든 것도 모두 하나님 말씀대로예요!

 지구 위에 사는 모든 사람과 동물이 다 죽고 우리 가족 여덟 명만 남은 것은 하나님의 은혜예요!

그래 맞다. 죄인을 향해 오래 참고 기다리시며, 심판에서 우리를 구원해 주신 하나님의 은혜를 잊지 말자꾸나.

미션 4 당신의 최종 선택은?

은혜가 풍성하신 하나님을 끝까지 따르겠습니까? ▶ YES ☐

▼
▼
▼

정답 미션 2: ④홍수, 미션 3: 비둘기   미션 성공!! 다음 단계로 ▶▶

내가 내 무지개를 구름 속에 두었나니
이것이 나와 세상 사이의 언약의 증거니라

창세기 9장 13절

노아와 가족들, 수많은 동물들은
홍수가 시작되고 만 1년 10일이
지났을 때 땅으로 나오게 되었어요.

먼저 하나님께 감사의 번제를 드리자.

제단을 쌓고, 정결한 짐승과 새를 가져오거라.

영차~

낑낑

쾅

인간을 사랑하셔서 다시 한 번 살 기회를 주신 하나님, 영광 받으소서.

내가 다시는 사람으로 인해 땅을 저주하지 않겠다. 왜냐하면 사람의 마음은 어려서부터 악하기 때문이라. 또 모든 생물을 멸망시키는 일은 없을 것이다.

내가 너희들에게
복을 주노니
자녀를 많이 낳아
땅을 가득 채워라.

땅의 모든 짐승과
공중의 새와
땅에 기는 것과
바다의 물고기가

너희를 두려워할 것이다.
또한 살아 있는
모든 동물이 너희의
음식이 될 것이다.

허

다다다다

다만 고기를 먹을 때
피째 먹지 말라.
이는 피에
생명이 있음이니라.

하나님,
감사합니다.

하나님은 사람이 피를 흘리면
그것이 사람이든 짐승이든
반드시 되갚아 주겠다고 하셨어요.
이는 하나님이 자신의 형상대로
인간을 지으셨기 때문이에요.

농사가
제법
잘되는구나!

형!
안 익은 거 같은데….

아버지,
포도알이
탱글탱글해요.
한번 만져 보세요.

이게 뭐야!

혀가
시다 못해
아리잖아!

투퉤

그렇게 아직
이르다고 했잖아요.

깔
깔

형님,
언제쯤이면
저 포도를 맛있게
먹을 수 있을까요?

곧 먹게 될 테니
조금만 참아~.

포도 농사도
잘되고….
모두 하나님
덕분이야….

몇 개월 후

포도가 잘 익었으니 포도주도 맛있겠지요?

으헉

무엇보다 새로운 땅에서 수확한 것이니 의미가 있지!

그럼, 당연하지!

포도주가 익으면 가족 잔치를 열어요!

좋아! 그러자꾸나!

우와! 신난다!

힘껏 꽉꽉 밟아야 맛있는 포도주가 나온단다~.

네, 어머님!

철퍽

철퍽

자, 하나씩 먹으면서 하렴.

감사합니다~!

어머님, 저도요!

보기 좋군!

호호호

149

얼마 만에 맛보는 포도주인가요!

그러게 말이다.

형님, 아버지께서는 주무시러 가셨나 봐요?

포도주를 꽤 많이 드셨는데 괜찮으신가?

왜 이리 덥지~.

비틀

너무 많이 마셨나?

제가 들어가 볼게요.

뒷정리?

헐

그래, 뒷정리는 우리가 할 테니 들어가 보렴.

아버지도 참…
이런 모습으로
잠드시다니!

술을 많이
드시긴
했나 보네.

옷은 왜 다
벗어 던지셨대?
연세를
생각하셔야지….

형한테
말해야지.

조심조심…
뒷걸음질로 가자.

자, 이제
시선을 돌리고
덮어 드리자.

휴~.

에효~.

함,
만약 아버지께서
또 실수를 하시면
그땐 비웃으며
떠들어대지 말고
무조건 덮어라.
그게 자식 된 도리야.

앗! 이런!
내가
오… 옷을?

으악

으음,
잘 잤다~!

간밤에
내가 포도주를
과하게 마셨구나.

이렇게
큰 실수를
하다니….

오늘따라
조용하네….

흠~ 흠~!
얘들아,
모두 들어오너라.

엥?

뭔가 굉장히
난감해 하시는
목소리네.

쳇

죄지은 것도
없는데 괜히
긴장되네.

예, 아버지.
지금 들어가요.

흠칫

멀리
떨어져
앉아야지….

누가 이 옷을
나에게
덮어 주었지?

그 옷은….

저희가
덮어
드렸어요!

그럼 내 모습을
너희 둘이
가장 먼저
본 것이냐?

제일 먼저 본 사람은
저예요, 아버지.

삐질

그래서
어떻게 했더냐?

바로 달려 나가
형과 야벳에게
알렸어요.

제 얘기를 듣고
형과 야벳이
급하게 들어가
옷을 덮었나 봐요.

어?
분위기가 왜 이래?

그러니까 너는
형과 아우에게
내 벗은 모습을 보고
떠들어댔구나!

아, 아니에요!
너무 놀라
어떻게 해야 할지
잘 몰라서
그런 거예요.

어떻게 아셨지?
큰일이다! 도와줘!

툭 툭

함은 저렇게 철이 없으니
형제들의 보살핌이
필요하겠구나!

함의 아들
가나안은
저주를 받아
형제의 종들의 종이
될 것이다!

아, 아버지…
어떻게
그러실 수가!
말도 안 돼요!

셈의 하나님 여호와를
찬송하리로다.

하나님이 야벳을
창대하게 하사
셈의 장막에서
살게 하실 것이다.

왜 나만!

그만 나가 보아라.
혼자 있고 싶구나!

무슨 일이지?

여보~

흑

흑

홍수가 끝나고,
노아는 350년을 더 살다가
950살이 되어 죽음을 맞았어요.

노아의 세 아들은
홍수 이후에 아들을 낳고
점차 번성해 갔어요.

그중 함의 손자 '니므롯'은
세상의 첫 용사가 되어
'여호와 앞에 니므롯같이
용감한 사냥꾼이로다' 라는
속담의 주인공이 되었답니다.

자손은 더욱 번성하였고,
많은 족속을 이루어
온 땅으로 흩어졌습니다.

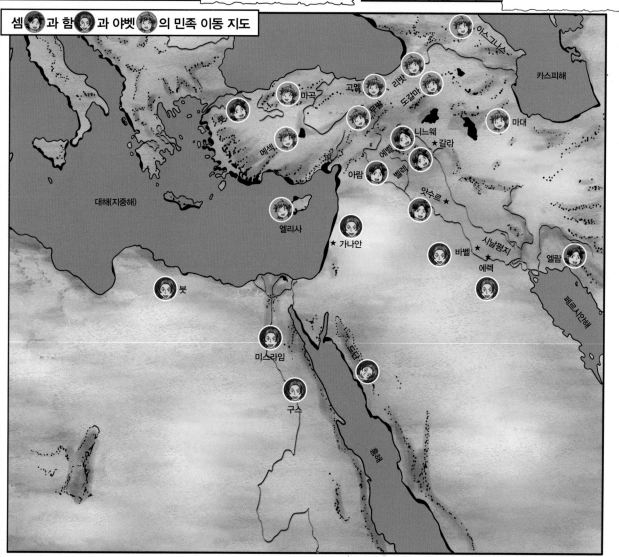

셈과 함과 야벳의 민족 이동 지도

하나님의 약속을 믿으라!

미션 1 말씀을 큰 소리로 두 번 읽어라! ☑ ☑

> 내가 내 무지개를 구름 속에 두었나니
> 이것이 나와 세상 사이의 언약의 증거니라
>
> 창세기 9장 13절

미션 2 퀴즈의 정답을 찾아라! ( )

힌트: 145페이지를 볼 것

① 태양   ② 오로라   ③ 번개   ④ 무지개

하나님은 다시는 땅의 모든 생물들을 멸하지 않으시겠다는
약속을 해 주셨어. 어쩌면 노아는 홍수라는 엄청난 재앙을
체험했기 때문에 두려웠을지도 몰라.
그때 하나님께서는 노아가 안심하고 살 수 있도록 약속을 해 주셨어.
하늘과 땅을 연결하는 다리인 아름다운 무지개를 보며,
이 땅을 사랑하시는 하나님의 은혜가 얼마나
크고 아름다운지 알 수 있어.

미션 3　　대사를 완성시켜라!

아버지도 참… 이런 모습으로 잠드시다니!

술을 많이 드시긴 했나 보네.

간밤에 내가 _____를 과하게 마셨구나.

힌트:155페이지를 볼 것

 내가 이런 어처구니없는 실수를 하다니….

저는 아버지의 그런 모습을 본 적이 없었어요. 늘 올바른 행동만 하시던 아버지가 술에 취하시다니요. 큭큭.

 함! 그렇다고 아버지의 실수를 떠벌려서는 안 되는 거야.

아버지의 실수도 사랑으로 덮어야 해요. 부모님을 공경해야지요.

 그래, 그것이 하나님의 축복을 받는 길이란다.

미션 4　　당신의 최종 선택은?

내게 주신 하나님의 약속을 감사하며 믿고 따르겠는가? ▶ YES ☐

▼
▼
▼

미션 성공!! 다음 단계로 ▶▶

정답 미션 2: ④무지개, 미션 3: 포도주

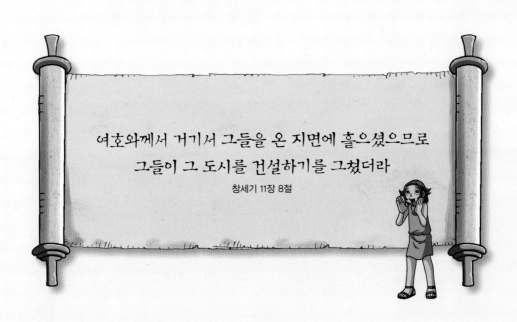

여호와께서 거기서 그들을 온 지면에 흩으셨으므로
그들이 그 도시를 건설하기를 그쳤더라

창세기 11장 8절

흩어진 한 무리의 사람들이 살 곳을 찾아 떠났어요.
그들은 시날 평지를 보고 이곳에 머무르기로 했습니다.

지금부터
이곳 시날 평지에서
살도록 하겠다.

으으윽!

끵끵

아빠를 닮아
힘이 장사구나.

엄마~!

우리가
살 집이
완성됐어요.

시간이 흐르면서, 기름진 땅인 시날 평지에 점차 사람들이 몰려들기 시작했습니다.

영차

영차

뚝딱 뚝딱

올해도 풍년이 되겠는걸?

다 땅이 기름져서 그렇지.

우리가 이렇게 먹고살 만하게 된 것은 모두 당신 덕분이에요.

맞아요. 당신 말대로 하면 안 되는 게 없는걸요.

당연하지! 내가 하라는 대로만 하면 아무 문제 없지!

음, 이제 이곳도 어엿한 도시가 되었군.

저곳에 성을 두르고, 이 앞에 하늘을 뚫을 만큼 큰 탑을 세우는 거야!

요렇게?

대공사를 시작할 테니 어서 사람들을 불러와라.

네!

으하하하하!

늦었다간 혼쭐난다!

그런데 아까부터
나대는 저 사람은 누구야?

그러게~
누가 저기
세웠어?

헉

콰앙

와~
엄청 세네

내 생각에
반대하는 사람 있어요?
얼굴 좀 봅시다!

싫다는 게 아니고요.

맞아요.
완전 찬성이죠!

성도 짓고 탑까지
쌓으면 안전하게
살 수 있겠네요.

그러게요.
여기저기 옮겨 다닐
필요도 없죠.

그건 뭐
일도 아니지!

하하하

만세!

만세!

그런데
여보….

쉿~

하나님께서 우리에게
온 땅에 흩어져 살라고
명령하지 않으셨나요?

온 땅에 흩어져
아이를 낳아 길러
번성하라고 하셨지.

그럼, 이들은 하나님의
명령을 어기고
자기 마음대로 살겠다는 거잖아요?

저들의 야망은
여기서 끝나지 않을 거야.
온 세상을 다 지배하려 들걸?

당신이
좀 말려 봐요.

에구구

툭

내가 무슨
힘이 있다고~.

사람들의 욕심만큼이나
탑도 점점 높아졌어요.

어리석은 인간들이 저지르는 일을 보신
하나님께서는 깊은 한숨을 내쉬셨어요.

곧 하늘도
우리 아래에 있게
되는 거야!

우와~
진짜 높아!

큰 홍수가 나도
끄떡없겠죠?

그럼!
당연하지!

이 무리가 한 족속이요
언어도 하나이므로
이같이 시작하였으니
이후로는 그 하고자 하는
일을 막을 수 없으리로다.

창 11 : 6

밥 먹고

일해

짠~

그럼
이건 어때?

일하라는 거야?
밥 먹으라는 거야?

밥을 먹으려면
일을 하라는 건가?

휙~휙

아무래도
여기 있다간
머리가
이상해지겠어.

그냥 가자고.

우리끼린
말이 통하니
의논을
해 봅시다.

이곳은 틀렸어.

웅성

웅성

우리끼리 힘을 합쳐서
새로 시작하는 게 좋겠어.

난 고향으로
돌아가겠어.

나도.

어디로 가요?

글쎄….
더 살기 좋은 곳을
찾아봅시다.

애들아,
난 더는
걸을 수가
없구나!

그래도
가셔야 해요.
이곳은 하나님이
벌주신 것 같아
무서워요.

오엉

아이고!
난 망했네!

하나님께서는 언어를 다르게 해서
온 땅에 사람들이 흩어지도록 하셨어요.

사람들이 스스로의 이름을 높이려고 쌓았던 탑은 '혼란'이라는 뜻의 '바벨'이라는 부끄러운 이름이 붙여졌어요. 하나님보다 높아지려는 인간의 시도는 이처럼 허무할 뿐이랍니다.

슈퍼바이블 구약 1권 마침
2권에서 만나요

하나님의 이름을 높여라!

미션 1 말씀을 큰 소리로 두 번 읽어라! ☑ ☑

> 여호와께서 거기서 그들을 온 지면에 흩으셨으므로
> 그들이 그 도시를 건설하기를 그쳤더라
>
> 창세기 11장 8절

미션 2 퀴즈의 정답을 찾아라! ( )

이 무리가 한 족속이요
_____도 하나이므로
이같이 시작하였으니
이후로는 그 하고자 하는
일을 막을 수 없으리로다.

창 11 : 6

힌트: 180페이지를 볼 것

① 인종　② 고향　③ 언어　④ 생각

노아의 아들인 셈, 함, 야벳의 후손들은 번성하여 온 땅으로 흩어졌어.
그런데 그중 일부가 물이 많고 넓은 평지를 보고 머르게 되었지.
흩어져 살라는 하나님의 명령을 어기고 탑과 성을 쌓기로 한 거야.
하나님은 그들의 언어를 다르게 하셔서 공사는 중단되었고,
그들은 할 수 없이 여러 지역으로 흩어져 살게 된 거야.
그들이 만들던 탑은 이제 그 흔적조차 찾을 수 없단다.

미션 ∃ 대사를 완성시켜라!

우리의 _____을 널리 알리고 우리가 온 땅에 흩어지지 않도록 당장 성을 세우고 탑을 쌓읍시다!

옳소!

그래. 살기 좋은 곳에 눌러살아야지.

우와~ 좋다!

힌트:171페이지를 볼 것

 이제 우리는 어디로 가야 하지? 흑흑. 탑을 쌓은 게 잘못이었어.

하나님의 말씀을 무시하고 우리가 더 높아지려고 했기 때문에 이런 일이 생긴 거야.

 자신의 이름을 높이려고 하는 것은 교만이야.

그래. 하나님의 뜻대로 사는 게 참 중요한 거 같아.

미션 ५ 당신의 최종 선택은?

하나님만을 높이고 그 이름을 찬양하겠습니까? ▶ YES □

▼
▼
▼

미션 성공!! 다음 권으로▶▶

정답 미션 2: ③언어, 미션 3: 이름

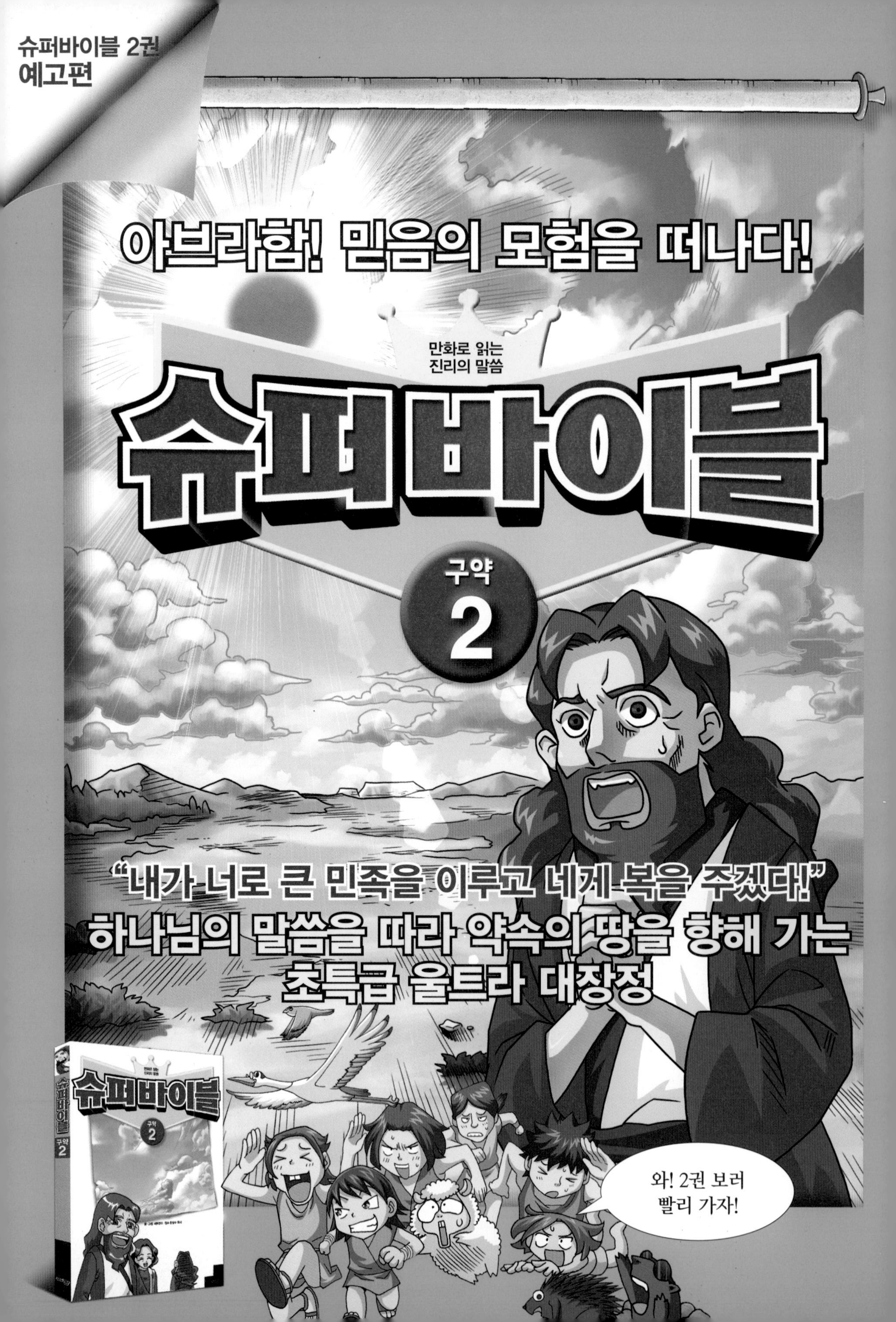

슈퍼바이블 2권
예고편
아브라함! 믿음의 모험을 떠나다!
만화로 읽는
진리의 말씀
슈퍼바이블
구약
2
"내가 너로 큰 민족을 이루고 네게 복을 주겠다!"
하나님의 말씀을 따라 약속의 땅을 향해 가는
초특급 울트라 대장정
와! 2권 보러
빨리 가자!

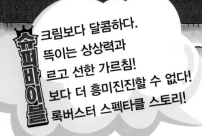

"아니! 2권에는 이런 사건들이?"

믿음의 사람, 아브라함 등장!

큰 도시 우르에서 잘 먹고 잘살던
아브라함을 찾아온 하나님!
하나님의 명령을 따라 고향을 떠나는
그의 앞날에는 어떤 일이 일어나게 될까?

세상에 이런 일이!

우여곡절 끝에 도착한 하나님이 약속하신 땅,
'하나님 말씀만 믿고 왔는데 이게 웬일?'
그곳에서 아브라함을 기다리고 있는 것은?

아브라함과 사라,
이대로 헤어지는 것인가?

애굽으로 간 아브라함 일행들에게 닥친 사건!
아내를 두고 돌아서는 아브라함의 굳은 얼굴,
대체 이 부부 사이에 무슨 일이 생긴 것일까?

《슈퍼바이블》은 멈추지 않는다!
2권을 기대해 주세요!
To be continue!

슈퍼바이블 구약 1

초판 1쇄 발행	2012년 4월 30일
초판 2쇄 발행	2012년 5월 11일

글 · 그림	씨투엔이
펴낸이	여진구
책임편집	유혜림, 최지설
편집 1실	안수경, 이영주, 박민희
편집 2실	김아진
기획 · 홍보	이한민
책임디자인	마영애, 이혜영 ㅣ 전보영, 정해림
마케팅	김상순, 강성민, 허병용, 이기쁨
마케팅지원	최태형, 최영배, 이명희
제작	조영석, 정도봉
경영지원	김혜경, 김경희

이슬비전도학교	엄취선, 전우순, 최경식
303비전성경암송학교	박정숙, 정나영, 정은혜
303비전장학회 &	
303비전꿈나무장학회	여운학

펴낸곳	규장

주소 137-893 서울시 서초구 양재2동 205 규장선교센터
전화 02)578-0003   팩스 02)578-7332
이메일 kyujang@kyujang.com   홈페이지 www.kyujang.com
트위터 twitter.com/_kyujang   페이스북 facebook.com/kyujangbook
등록일 1978.8.14. 제1-22

책값 뒤표지에 있습니다.
ISBN 978-89-6097-711-2 04230
      978-89-6097-710-5 (세트)

규ㅣ장ㅣ수ㅣ칙

1. 기도로 기획하고 기도로 제작한다.
2. 오직 그리스도의 성품을 사모하는 독자가 원하고 필요로 하는 책만을 출판한다.
3. 한 활자 한 문장에 온 정성을 쏟는다.
4. 성실과 정확을 생명으로 삼고 일한다.
5. 긍정적이며 적극적인 신앙과 신행일치에의 안내자의 사명을 다한다.
6. 충고와 조언을 항상 감사로 경청한다.
7. 지상목표는 문서선교에 있다.

자식을 낳을 것이며 너는 남편을 원하고 남편은 너를 다스릴 것이니라 하시고 아담에게 이르시되 네가 네 아내의 말을 듣고 내가 네게 먹지 말라 한 나무의 열매를 먹었은즉 땅은 너로 말미암아 저주를 받고 너는 네 평생에 수고하여야 그 소산을 먹으리라 땅이 네게 가시덤불과 엉겅퀴를 낼 것이라 네가 먹을 것은 밭의 채소인즉 네가 흙으로 돌아 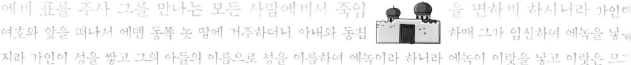 갈 때까지 얼굴에 땀을 흘려야 먹을 것을 먹으리니 네가 그것에서 취함을 입었음이라 너는 흙이니 흙으로 돌아갈 것이니라 하시니라 아담이 그의 아내의 이름을 하와라 불렀으니 그는 모든 산 자의 어머니가 됨이더라 여호와 하나님이 아담과 그의 아내를 위하여 가죽옷을 지어 입히시니라 여호와 하나님이 이르시되 보라 이 사람이 선악을 아는 일에 우리 중 하나 같이 되었으니 그가 그의 손을 들어 생명 나무 열매도 따먹고 영생할까 하노라 하시고 여호와 하나님이 에덴 동산에서 그를 내보내어 그의 근원이 된 땅을 갈게 하시니라 이같이 하나님이 그 사람을 쫓아내시고 에덴 동산 동쪽에 그룹들과 두루 도는 불 칼을 두어 생명 나무의 길을 지키게 하시니라 창세기 4장 아담이 그의 아내 하와와 동침하매 하와가 임신하여 가인을 낳고 이르되 내가 여호와로 말미암아 득남하였다 하니라 그가 또 가인의 아우 아벨을 낳았는데 아벨은 양 치는 자였고 가인은 농사하는 자였더라 세월이 지난 후에 가인은 땅의 소산으로 제물을 삼아 여호와께 드렸고 아벨은 자기도 양의 첫 새끼와 그 기름으로 드렸더니 여호와께서 아벨과 그의 제물은 받으셨으나 가인과 그의 제물은 받지 아니하신지라 가인이 몹시 분하여 안색이 변하니 여호와께서 가인에게 이르시되 네가 분하여 함은 어찌 됨이며 안색이 변함은 어찌 됨이냐 네가 선을 행하면 어찌 낯을 들지 못하겠느냐 선을 행하지 아니하면 죄가 문에 엎드려 있느니라 죄가 너를 원하나 너는 죄를 다스릴지니라 가인이 그의 아우 아벨에게 말하고 그들이 들에 있을 때에 가인이 그의 아우 아벨을 쳐죽이니라 여호와께서 가인에게 이르시되 네 아우 아벨이 어디 있느냐 그가 이르되 내가 알지 못하나이다 내가 내 아우를 지키는 자니이까 이르시되 네가 무엇을 하였느냐 네 아우의 핏소리가 땅에서부터 내게 호소하느니라 땅이 그 입을 벌려 네 손에서부터 네 아우의 피를 받았은즉 네가 땅에서 저주를 받으리니 네가 밭을 갈아도 땅이 다시는 그 효력을 네게 주지 아니할 것이요 너는 땅에서 피하며 유리하는 자가 되리라 가인이 여호와께 아뢰되 내 죄벌이 지기가 너무 무거우니이다 주께서 오늘 이 지면에서 나를 쫓아내시온즉 내가 주의 낯을 뵙지 못하리니 내가 땅에서 피하며 유리하는 자가 될지라 무릇 나를 만나는 자마다 나를 죽이겠나이다 여호와께서 그에게 이르시되 그렇지 아니하다 가인을 죽이는 자는 벌을 칠 배나 받으리라 하시고 가인에게 표를 주사 그를 만나는 모든 사람에게서 죽임을 면하게 하시니라 가인이 여호와 앞을 떠나서 에덴 동쪽 놋 땅에 거주하더니 아내와 동침하매 그가 임신하여 에녹을 낳은지라 가인이 성을 쌓고 그의 아들의 이름으로 성을 이름하여 에녹이라 하니라 에녹이 이랏을 낳고 이랏은 므후야엘을 낳고 므후야엘은 므드사엘을 낳고 므드사엘은 라멕을 낳았더라 라멕이 두 아내를 맞이하였으니 하나의 이름은 아다요 하나의 이름은 씰라였더라 아다는 야발을 낳았으니 그는 장막에 거주하며 가축을 치는 자의 조상이 되었고 그의 아우의 이름은 유발이니 그는 수금과 퉁소를 잡는 모든 자의 조상이 되었으며 씰라는 두발가인을 낳았으니 그는 구리와 쇠로 여러 가지 기구를 만드는 자요 두발가인의 누이는 나아마였더라 라멕이 아내들에게 이르되 아다와 씰라여 내 목소리를 들으라 라멕의 아내들이여 내 말을 들으라 나의 상처로 말미암아 내가 사람을 죽였고 나의 상함으로 말미암아 소년을 죽였도다 가인을 위하여는 벌이 칠 배일진대 라멕을 위하여는 벌이 칠십칠 배이리로다 하였더라 아담이 다시 자기 아내와 동침하매 그가 아들을 낳아 그 이름을 셋이라 하였으니 이는 하나님이 내게 가인이 죽인 아벨 대신에 다른 씨를 주셨다 함이며 셋도 아들을 그의 이름을 에노스라 하였으며 그 때에 사람들이 비로소 여호와의 이름을 불렀더라 창세기 5장 이것은 아담의 계보를 적은 책이니라 하나님이 사람을 창조하실 때에 하나님의 모양대로 지으시되 남자와 여자를 창조하셨고 그들이 창조되던 날에 하나님이 그들에게 복을 주시고 그들의 이름을 사람이라 일컬으셨더라 아담은 백삼십 세에 자기의 모양 곧 자기의 형상과 같은 아들을 낳아 이름을 셋이라 하였고 아담은 셋을 낳은 후 팔백 년을 지내며 자녀들을 낳았으며 그는 구백삼십 세를 살고 죽었더라 셋은 백오 세에 에노스를 낳았고 에노스를 낳은 후 팔백칠 년을 지내며 자녀를 낳았으며 그는 구백십이 세를 살고 죽었더라 에노스는 구십 세에 게난을 낳았고 게난을 낳은 후 팔백십오 년을 지내며 자녀들을 낳았으며 그는 구백오 세를 살고 죽었더라 게난은 칠십 세에 마할랄렐을 낳았고 마할랄렐을 낳은 후 팔백사십 년을 지내며 자녀들을 낳았으며 그는 구백십 세를 살고 죽었더라 마할랄렐은 육십오 세에 야렛을 낳았고 야렛을 낳은 후 팔백삼십 년을 지내며 자녀를 낳았으며 그는 팔백구십오 세를 살고 죽었더라 야렛은 백육십이 세에 에녹을 낳았고 에녹을 낳은 후 팔백 년을 지내며 자녀들을 낳았으며 그는 구백육십이 세를 살고 죽었더라 에녹은 육십오 세에 므두셀라를 낳았고 므두셀라를 낳은 후 삼백 년을 하나님과 동행하며 자녀들을 낳았으며 그는 삼백육십오 세를 살았더라 에녹이 하나님과 동행하더니 하나님이 그를 데려가시므로 세상에 있지 아니하였더라 므두셀라는 백팔십칠 세에 라멕을 낳았고 라멕을 낳은 후 칠백팔십이 년을 지내며 자녀를 낳았으며 그는 구백육십구 세를 살고 죽었더라 라멕은 백팔십이 세에 아들을 낳고 이름을 노아라 하여 이르되 여호와께서 땅을 저주하시므로 수고롭게 일하는 우리를 이 아들이 안위하리라 하였더라 라멕은 노아를 낳은 후 오백구십오 년을 지내며 자녀들을 낳았으며 그는 칠백칠십칠 세를 살고 죽었더라 노아는 오백 세 된 후에 셈과 함과 야벳을 낳았더라 창세기 6장 사람이 땅 위에 번성하기 시작할 때에 그들에게서 딸들이 나니 하나님의 아들들이 사람의 딸들의 아름다움을 보고 자기들이 좋아하는 모든 여자를 아내로 삼는지라 여호와께서 이르시되 나의 영이 영원히 사람과 함께 하지 아니하리니 이는 그들이 육신이 됨이라 그러나 그들의 날은 백이십 년이 되리라 하시니라 당시에 땅에는 네피림이 있었고 그 후에도 하나님의 아들들이 사람의 딸들에게로 들어와 자식을 낳았으니 그들은 용사라 고대에 명성이 있는 사람들이었더라 여호와께서 사람의 죄악이 세상에 가득함과 그의 마음으로 생각하는 모든 계획이 항상 악할 뿐임을 보시고 땅 위에 사람 지으셨음을 한탄하사 마음에 근심하시고 이르시되 내가 창조한 사람을 내가 지면에서 쓸어버리되 사람으로부터 가축과 기는 것과 공중의 새까지 그리하리니 이는 내가 그것들을 지었음을 한탄함이니라 하시니라 그러나 노아는 여호와께 은혜를 입었더라 이것이 노아의 족보니라 노아는 의인이요 당대에 완전한 자라 그는 하나님과 동행하였으며 세 아들을 낳았으니 셈과 함과 야벳이라 그 때에 온 땅이 하나님 앞에 부패하여 포악함이 땅에 가득한지라 하나님이 보신즉 땅이 부패하였으니 이는 땅에서 모든 혈육 있는 자의 행위가 부패함이었더라 하나님이 노아에게 이르시되 모든 혈육 있는 자의 포악함이 땅에 가득하므로 그 끝 날이 내 앞에 이르렀으니 내가 그들을 땅과 함께 멸하리라 너는 고페르 나무로 너를 위하여 방주를 만들되 그 안에 칸들을 막고 역청을 그 안팎에 칠하라 네가 만들 방주는 이러하니 그 길이는 삼백 규빗, 너비는 오십 규빗, 높이는 삼십 규빗이라 거기에 창을 내되 위에서부터 한 규빗에 내고 그 문은 옆으로 내고 상 중 하 삼층으로 할지니라 내가 홍수를 땅에 일으켜 무릇 생명의 기운이 있는 모든 육체를 천하에서 멸절하리니 땅에 있는 것들이 다 죽으리라 그러나 너와는 내가 내 언약을 세우리니 너는 네 아들들과 네 아내와 네 며느리들과 함